ANIMALS
— THEMED —
WORD SEARCH
PUZZLE BOOK

Puzzle #1

ANIMALS

E D O T S Q F Z V V Y I O P G
D E R L A E S A H X Q L N U T
V V S E A S H Y U A E U J L K
M M N U G K B N B I Q N D O C
R N D F O I E V S O X U K N O
D I R K P M T T T V O I T G M
M F N J E O R L D K B B K E M
X J H A N D U A A B D R A A O
C K R X Z O D I E G H H X R N
D Q S Z J G C V Y B N T I E L
U R E V Y R Z L T V K E T D O
Y L S N Y L F Y A M Y C B O O
G F A T L K M O Y F F M A W N
W Q R P L E I B C H A X Z L X
T Y D N U O H N A Z I B I Z B

BENGAL TIGER	ESKIMO DOG	MAYFLY
BLACK BEAR	FALCON	MOUSE
BOOBY	IBIZAN HOUND	SEAL
COMMON LOON	LONGEARED OWL	

ANIMALS

```
F  J  H  N  T  W  B  T  F  P  T  R  B  T  D
I  D  T  T  I  G  E  R  S  H  A  R  K  U  N
U  X  U  I  Q  H  M  I  B  E  T  T  S  R  I
F  G  D  U  D  W  P  A  N  R  H  J  A  U  L
Q  D  D  R  A  Z  I  L  N  A  M  I  A  C  U
T  F  N  R  I  S  C  T  O  T  C  K  K  O  O
K  C  D  K  A  B  S  H  S  D  A  U  Y  L  Y
A  E  V  Q  A  Z  E  O  W  Z  Y  R  O  G  U
Z  E  Q  P  T  S  I  T  F  D  U  K  A  T  Y
J  Y  R  A  Y  R  B  L  A  S  S  T  S  Y  D
X  A  O  O  Y  O  W  S  D  G  K  Y  D  U  N
N  R  Y  M  H  C  V  S  I  N  I  X  Q  B  D
V  C  M  U  B  D  X  F  I  U  A  R  N  D  T
J  A  K  L  D  J  R  Q  F  W  W  S  F  F  G
S  F  P  E  Z  I  V  R  G  B  A  Z  Q  B  X
```

CAIMAN LIZARD	MANTA RAY	TOUCAN
DUSKY DOLPHIN	MULE	
FOSSA	SAND LIZARD	
FRIGATEBIRD	TIGER SHARK	

ANIMALS

```
L  I  G  I  F  D  N  Z  F  S  X  I  O  W  S
Y  L  E  I  N  A  P  S  D  L  E  I  F  I  F
D  M  S  E  V  E  S  S  N  O  W  S  H  O  E
T  F  Y  G  X  D  R  E  Z  X  I  X  T  R  L
P  E  G  Y  P  T  I  A  N  M  A  U  Q  E  A
P  K  Q  I  A  U  R  T  H  X  L  Y  N  I  B
Z  X  U  U  P  S  J  U  J  C  L  Z  G  N  T
D  E  O  D  G  A  T  R  K  K  I  W  I  D  B
N  Q  H  F  S  X  H  T  E  C  S  T  O  E  V
M  T  E  O  C  C  J  L  D  S  O  F  C  E  H
T  S  C  M  V  E  N  E  S  V  E  C  M  R  W
E  M  J  F  R  J  N  Q  F  G  L  M  A  Y  A
V  Q  E  M  I  X  K  N  M  L  X  R  R  E  T
B  H  N  S  T  A  G  B  E  E  T  L  E  U  P
R  S  C  A  Y  W  W  O  L  F  F  G  Z  T  B
```

ARCTIC HARE	KIWI	STAG BEETLE
BURMESE	PEACOCK	WOLF
EGYPTIAN MAU	REINDEER	
FENNEC FOX	SEA TURTLE	
FIELD SPANIEL	SNOWSHOE	

Puzzle #4

ANIMALS

```
X  N  A  U  Q  U  W  P  J  I  Z  S  Z  W  G
W  R  V  Q  C  R  V  Z  K  K  C  E  W  Y  Q
K  A  A  S  S  H  P  V  H  Y  S  O  B  Q  I
F  F  X  Y  P  H  S  I  F  R  E  F  F  U  P
F  I  R  R  T  A  M  T  L  M  G  R  A  P  A
I  O  S  L  D  E  T  Q  H  A  N  A  P  Y  N
F  G  L  H  R  Z  T  A  M  W  X  C  Z  M  S
I  W  H  V  I  Y  W  R  S  H  J  C  U  O  B
F  B  I  G  R  N  O  A  A  M  U  O  Z  R  B
B  I  U  L  U  R  G  J  L  G  O  O  G  A  D
B  L  A  R  D  T  L  C  B  L  H  N  V  Y  Y
I  L  A  I  O  B  L  L  A  M  A  S  K  E  D
J  G  M  K  H  A  O  S  V  T  M  B  Z  E  Y
G  N  E  P  H  L  F  A  D  R  L  O  Y  L  Y
J  J  S  X  Y  Z  E  B  R  A  S  H  A  R  K
```

FISHING CAT	PUFFER FISH	XRAY TETRA
LLAMA	RACCOON	ZEBRA SHARK
MORAY EEL	WALLABY	ZEBU
PATAS MONKEY	WILD BOAR	

ANIMALS

X	R	I	A	B	O	Q	S	K	C	C	I	Z	S	S
R	K	F	B	T	G	O	G	P	H	Q	V	H	R	I
H	I	B	J	L	J	I	L	W	O	Y	W	O	N	S
M	E	P	A	F	P	O	E	S	V	F	A	C	A	U
T	E	Z	A	D	O	Z	O	C	A	A	G	U	Q	D
K	Y	L	E	T	G	U	P	C	G	N	K	Y	I	R
V	N	D	L	N	A	E	A	V	N	F	P	N	S	V
W	I	T	U	B	R	C	R	A	E	B	N	U	S	R
V	V	W	X	H	M	V	D	E	W	G	L	M	G	Q
E	U	S	N	S	K	I	T	R	T	T	X	F	C	O
X	L	N	F	O	B	C	P	E	A	S	J	O	Q	K
W	J	I	F	N	G	E	Y	I	R	P	B	E	E	M
E	S	F	H	Z	L	V	L	I	Y	I	O	O	W	P
G	F	T	U	G	E	Q	N	P	U	S	S	E	L	N
I	W	U	J	F	J	L	X	S	A	B	H	V	L	F

BADGER	LEOPARD	LEOPARD CAT
LOBSTER	NEWT	SNOWY OWL
SUN BEAR	TAPIR	

ANIMALS

```
K  O  O  K  K  W  B  Y  G  H  V  K  M  A  Q
I  R  M  B  R  U  S  S  I  A  N  B  L  U  E
C  E  A  C  Z  E  M  B  I  M  S  Q  U  M  J
K  Z  E  V  A  N  M  S  E  S  O  O  M  B  H
H  W  Z  B  D  S  I  E  X  T  Q  D  F  O  E
I  A  Y  M  Y  R  B  T  P  E  Z  Y  D  B  J
O  C  L  I  B  E  A  V  E  R  F  B  J  A  A
K  C  F  L  I  D  N  A  E  U  J  O  A  M  O
H  B  N  P  I  A  R  O  A  Q  Z  J  G  K  N
V  Y  P  W  B  G  A  P  H  J  S  E  O  Z  I
J  T  T  C  B  N  A  I  R  E  B  I  S  A  C
J  A  I  N  S  E  C  T  H  D  K  D  N  Z  D
V  Z  E  F  S  Y  H  B  O  X  E  R  D  O  G
K  P  H  H  P  E  N  A  M  R  I  B  P  L  Q
J  R  W  O  G  R  W  Z  P  L  Y  N  U  I  Q
```

AARDVARK	BOXER DOG	MOOSE
ALLIGATOR	HAMSTER	RUSSIAN BLUE
BEAVER	HONEY BEE	SIBERIAN
BIRMAN	INSECT	

ANIMALS

```
H  S  L  P  Y  R  U  Q  I  N  I  B  O  R  V
R  K  W  I  E  G  M  E  X  O  A  A  Z  B  Y
Z  E  Y  K  G  S  I  D  U  Y  H  M  Q  S  A
H  F  H  P  D  E  U  K  C  L  P  L  U  O  K
Z  V  R  C  T  A  R  O  U  R  K  W  E  H  W
T  D  E  Q  S  N  R  E  M  X  L  G  T  D  J
P  W  N  A  X  N  A  R  T  R  Z  I  Z  J  Z
V  O  C  Q  X  H  I  Y  Y  S  O  I  A  F  D
U  D  O  L  J  E  Z  P  A  W  Y  D  L  N  A
U  L  N  L  N  W  L  O  N  L  M  O  G  J  S
V  C  O  Y  F  J  G  G  B  E  A  U  V  J  R
O  G  L  N  S  R  X  O  A  O  F  M  H  I  I
Z  T  F  A  F  U  O  C  H  E  A  F  I  H  U
X  Y  C  Z  I  G  P  G  G  W  B  Y  A  H  J
M  K  I  W  E  L  S  H  C  O  R  G  I  B  Q
```

AFFENPINSCHER	LIGER	SNAIL
BEAGLE	OYSTER	WELSH CORGI
DORMOUSE	POOL FROG	
HIMALAYAN	QUETZAL	
HUMAN	ROBIN	

ANIMALS

```
V T N P T P T K S Z E A Q Y D
W M N I A B R A N P S J T V Z
U R O O U L J J R U T Z E E L
D E B U G G B O H V M U R P H
S Q Y V N A N A E G U P M C Q
Z B N S G T R E T G C Z I A K
W V H N M A A D P R M P T H H
Z Y A Z D A L I O L O O E U C
C G A D S U V J N D A S D V T
A N E S N P C L U L O Y S J U
B R Y N I A S L J H I M O Q K
D R I B C I P O R T X O O R Z
Y W B F A H K D S Q Y H N K Q
R A X V M S C B E J A A I E I
P W Y F W N U Y D R P I L C W
```

ALBATROSS   PUG   TERMITE
CHIPMUNK   RAT   TROPICBIRD
KOMODO DRAGON RED PANDA
MOUNTAIN LION ROYAL PENGUIN

ANIMALS

```
L E O P A R D S E A L W A K O
L R L C L V S L O T H O K L J
V O P A X H A U S M K O A K O
S Q K R H E X Q C L Z D T A B
N C F N H W G G N S A P P V K
Z H O L U Q N L J P U E M R P
B A N X H K U I S U G C I W Q
V M M X N D S Y F O K K L P N
U E M G K J P M F M Q E L F O
G L A S S L I Z A R D R I Y E
G E R B I L N O K G U S P G H
U O A N Z V G S E U P X E T S
Q N J H M C E U J Q N I D T Q
O E H W M N W X F F S O E Q X
R M H Y E K N O M Y L L O O W
```

CHAMELEON LEOPARD SEAL WOODPECKER
CUSCUS MAGPIE WOOLLY MONKEY
FIN WHALE MILLIPEDE
GERBIL SKUNK
GLASS LIZARD SLOTH

ANIMALS

```
D R B U X R S P A L S H I H D
J D A H V I H J P L A T R U C
B X G L B Q R Y I T C K W Z L
P F B R L C I O L J U Q C E E
A D G A Z I M R G L Z U V A T
O W C I R W P N Q O J N S F J
N J Z H L N O R D W G K N L U
D S J Y I A A Z E N W E Q Z Y
N G Y F T N M C F T F Q Y Q B
D N U O H D O O L B A H G G X
Z L O I G J M O N E V C G J S
T V G O Q V D Y K S F U K J B
H T O M S S U P K B T J C H T
L A G S G J H N R I T E N M W
Y L B N Y Z S Q J E E K R D C
```

BARNACLE	BLOODHOUND	CATERPILLAR
CHINOOK	GILA MONSTER	JACKAL
PUSS MOTH	SHRIMP	

ANIMALS

```
C O C T S E M R D O K W N Z J
F N H O W L E R M O N K E Y V
Q N B V M U S S O P O W V X F
E Z O G K R Y E X W S R W U U
D K X S J T Z M C R W I W J Q
B U D G E R I G A R Q O S S H
G W J G F N O S I B D K L F R
U H Y H E A Q H N L C A M G Z
L I V E D Y N R O H T K G T T
Y P R V R T U A T A R A M R P
I P M F I N N I S H S P I T Z
E E D A R W I N S F R O G U Q
B T T Y G R J J Y P T Q B S K
S A W A T E R V O L E L F Q V
X T Z O K P Z P O J W Y D N U
```

BISON	HOWLER MONKEY	WATER VOLE
BUDGERIGAR	KAKAPO	WHIPPET
DARWINS FROG	OPOSSUM	
FINNISH SPITZ	THORNY DEVIL	
GLOW WORM	TUATARA	

ANIMALS

```
W I G R E Y S E A L T F M W U
T X O T Q J J O K D C W T E W
M A B W S R A R B C H R C C R
K N E A V E P F A O Y R D C Y
Z O Z A W R A V S S N Z D Y L
T B S C W D N U H W U O R P C
Q W X J M P E O R Y M O B F A
J U O N A W S G X C A E A B S
J Y C V K K E W G O H Y P D E
I N Q P F F C X R O V I H O H
I G P K F A H Y C E C P N Z I
D T S J Y D I L H C I C G Y O
E K H T P U N K X B K Q M C M
B L A Q R G C N D P R H G S K
L O U H Z A H T D Y U M S F N
```

AKBASH BONOBO CICHLID

GREY SEAL JAPANESE CHIN SEA URCHIN

SWAN

ANIMALS

```
P Q Z Y R D T E N C P Q B T P
U L G F T C T X T V N X E B O
W P W O Z P M Y A L P C A U R
Y P G O D D N A L N E E R G C
J N M L Y Y H B V F R Y I C U
C E A B I N C O S E S W G J P
S D A F U H W A B R I C N N I
Y A B F F T R A L R A U Z H N
P L G J Q I T S T E N V Z F E
B M O E F I T E P T U O V W S
P A G C V I L Z R Z P L U N H
X T Y K L U H I Y F S R B B K
V I P G Q Y C V P L L X P I E
I A C T B S T B I V D Y R C G
K N S B J W J E J W E G U M U
```

BEAR

BLUE LACY DOG

BUTTERFLY

DALMATIAN

FERRET

GREENLAND DOG

PERSIAN

PORCUPINE

TAWNY OWL

TIFFANY

ANIMALS

```
U  X  J  F  Q  Z  R  F  H  D  I  X  G  O  S
V  G  N  L  C  C  Q  Q  V  V  D  T  B  X  P
V  H  Q  Y  A  Z  D  P  Q  G  H  X  Q  J  K
N  P  G  U  L  E  O  H  D  N  C  I  Z  Y  O
M  R  K  M  U  A  S  N  K  X  J  O  G  K  W
B  A  R  B  Z  Z  V  T  K  F  X  J  N  X  I
R  G  X  N  G  D  D  R  N  E  A  Z  J  J  U
T  D  K  T  S  A  D  R  E  A  Y  O  Z  S  S
Y  O  S  W  D  X  J  D  K  S  H  F  A  N  O
G  L  R  E  Q  K  F  I  K  V  G  P  R  M  W
J  L  B  T  X  T  T  Q  D  A  L  F  E  B  X
I  F  X  L  O  H  K  X  E  T  B  A  T  L  N
R  E  E  D  R  I  P  P  V  W  U  T  H  Q  E
J  B  R  U  N  I  S  V  O  F  F  O  L  T  L
M  N  D  J  W  Y  P  E  G  C  H  E  V  L  U
```

BARB	DEER	ELEPHANT SEAL
LYNX	RAGDOLL	SERVAL
TORTOISE	ZONKEY	

Puzzle #15

ANIMALS

J	W	T	T	L	W	G	Z	L	J	Y	D	R	D	Y
Y	D	X	S	J	K	F	Q	D	K	W	H	Y	Z	J
A	B	E	K	M	W	B	O	Q	R	Z	K	T	S	C
M	A	I	N	E	C	O	O	N	C	I	F	W	M	D
G	W	C	Q	V	I	W	H	R	R	J	B	R	L	O
E	Z	A	R	M	E	H	Y	C	H	K	X	J	G	B
O	I	I	J	Q	M	O	E	W	W	I	U	J	S	N
J	D	Q	Z	I	O	P	T	C	F	O	O	E	A	O
T	I	H	T	T	O	P	I	N	C	Q	H	U	K	H
U	X	A	O	S	R	G	E	W	A	U	M	C	U	A
F	O	G	M	L	H	T	W	M	Q	H	N	T	H	Y
Y	R	K	Y	J	E	G	A	H	W	U	P	B	D	E
X	Z	M	J	X	N	E	S	B	E	C	C	E	C	B
M	X	H	H	P	S	O	P	Z	K	L	F	M	L	X
H	S	R	C	I	D	W	P	P	S	E	C	P	J	E

BAT
DHOLE
MOORHEN
BIRD
ELEPHANT
WASP
CHOW CHOW
MAINE COON

Puzzle #16

ANIMALS

```
O  Z  A  L  G  R  U  M  B  R  M  B  H  T  C
J  M  A  L  A  Y  A  N  T  I  G  E  R  E  C
F  Q  J  G  C  E  U  E  N  N  L  L  A  M  F
A  S  Q  F  A  G  L  I  B  O  Y  Q  A  S  B
R  P  C  T  P  Q  N  A  Z  R  R  S  B  S  L
D  E  M  X  Y  D  U  K  H  J  A  E  M  T  A
I  H  I  E  B  N  F  I  H  W  V  L  H  R  G
C  C  D  R  A  G  L  T  K  U  E  U  O  B  V
C  I  F  G  R  R  S  A  F  U  Z  K  K  P  W
Q  F  V  U  A  E  S  E  X  W  D  M  N  Y  R
G  Q  U  E  R  H  T  O  A  H  Z  F  R  I  C
E  V  X  N  Q  S  V  X  P  L  N  N  V  B  M
Z  P  A  D  E  M  E  L  O  N  I  U  Y  E  H
R  D  G  E  O  Y  H  A  A  F  B  O  K  W  F
G  I  J  J  Q  D  T  L  L  I  R  D  N  A  M
```

AKITA	HERON	PADEMELON
CAPYBARA	MALAYAN TIGER	POLAR BEAR
FOX TERRIER	MANDRILL	SEA LION
FUR SEAL	MINKE WHALE	

ANIMALS

I Z C B I F L C Y O Z U X Y K
U O R K O Q B E B R T J N E U
M R R E C D E M F A E L T R J
K R M I H O C P M I Z B R Z G
A W E N V S F D N Y R V Y H P
S L O D I E I N E S T W S W K
D G L R N R R F O G O L J Z B
N Q I I R A D D G S A R P R L
V Q B A H A M N O N T T S H R
M B V W N C P A P L I D G G Z
E K B G S T N S L F P K S N E
X M U R W F C I U A G H S S Z
E J X L B M A L H F S A I L Q
N L C L V S E M A C Y Z Q N C
T S D G X W R D X M Z G J Z V

CHINCHILLA   GIANT CLAM   INDRI
KINGFISHER   RIVER DOLPHIN   SALAMANDER
SPARROW

ANIMALS

```
Q  L  D  S  P  S  E  A  D  R  A  G  O  N  Y
C  T  L  M  X  R  O  H  G  O  E  D  Z  V  Q
T  Z  D  O  T  T  E  R  H  C  J  L  Z  O  W
D  E  G  L  U  H  T  T  E  U  G  W  C  P  U
Y  D  V  E  T  Q  X  R  N  C  B  A  S  E  R
T  H  V  I  D  E  T  S  D  I  O  J  C  D  K
U  Z  S  U  C  E  O  O  Z  F  O  N  V  M  K
L  Y  V  Q  L  N  P  Y  L  M  V  P  I  D  I
T  W  D  D  U  F  A  I  B  Y  K  V  A  H  L
P  N  Z  S  L  I  W  Y  T  H  E  D  F  V  R
Y  P  Y  S  M  C  R  R  A  N  X  K  Y  X  X
J  I  G  P  S  W  J  R  V  L  E  E  N  Y  E
B  J  Q  L  C  S  L  M  E  T  A  C  B  O  B
S  B  Z  Q  B  S  Z  N  C  L  Z  M  J  F  M
S  A  Q  A  C  R  V  F  Q  C  E  S  O  Z  D
```

BOBCAT	MONKEY	RHINOCEROS
CENTIPEDE	OTTER	SEA DRAGON
MALAYAN CIVET	POINTER	SQUIRREL
MOLE	QUOLL	

Puzzle #19

ANIMALS

```
T A T M X P I G U F Z K H K L
C P B R O A T K V I V L O Q L
K A E Z E Y R L I Z U C K J K
O V O P F T F Y Q Z G K M U R
S Z W M H X A K H X G I R F N
F K I P Q H I K E K L W P O Q
N M O L G U I D S T C K R G W
O R B Q Y H G S P D M O V N L
S N T O S T U U J H N W R Q Y
K E S E T L A M I O Y O A J L
Z G Q G O I N O R S T M P I K
R J F P T J A H G T U B W F M
W V R J K B R M W C R A S Y F
N L F W B R Z Z F F H T X X I
S C A T F I S H V U N B O R I
```

CATFISH	GOAT	IGUANA
MALTESE	POND SKATER	ROCK HYRAX
UGUISU	WOMBAT	

ANIMALS

```
R  P  I  F  P  M  C  T  D  N  X  F  Z  X  W
X  G  O  R  S  M  R  Y  R  J  C  N  U  Z  P
W  H  X  W  E  E  T  P  M  B  C  E  Q  K  O
U  A  E  U  A  A  I  U  L  Q  J  D  S  P  D
I  R  G  L  H  L  E  E  T  A  N  A  M  I  N
B  I  N  R  O  P  R  T  I  B  B  A  R  A  D
Y  A  U  S  R  I  J  U  O  J  H  S  M  Q  C
J  L  R  T  S  O  R  U  S  Y  Q  R  T  R  R
Y  I  S  C  E  S  A  O  Q  P  O  G  R  Y  X
Z  U  E  K  O  D  M  T  N  D  A  C  F  D  U
S  O  S  I  T  R  R  O  X  E  N  H  B  M  U
Z  Q  H  U  E  L  V  M  N  N  D  D  M  U  U
L  I  A  U  Q  G  R  A  X  U  N  L  L  J  S
M  Q  R  Y  V  Z  V  D  O  M  Z  C  O  H  Z
C  K  K  U  B  C  X  A  D  Y  G  O  D  G  X
```

COYOTE	MANATEE	SEAHORSE
CRAB	NURSE SHARK	WALRUS
GHARIAL	QUAIL	
GOLDEN ORIOLE	RABBIT	

Puzzle #21

ANIMALS

H E R H Y T H C V N P L J Q J
F Q C X E Z E C K E N D S K N
T T W A T E R B U F F A L O I
P M K Y K R O Z S T W Y X U X
E Q S P L A U P W B B H P R X
R N S G P L N S H Q D S O C H
S P I N Y D O G F I S H G H I
L S H R R H G J A F W C A I T
L T X M E I X A V R H O K M H
E B O C D V N V D H O N O P T
I H V L W D L Z B E R O P A E
R A G U O C K O A B N O X N V
V R N D L X D R W U S U T Z N
A E Z F F B A P T T B A N E G
K Q G K R I Y S F N R Z F E Z

AXOLOTL   KANGAROO   WOLVERINE
CHIMPANZEE   RED WOLF
COUGAR   SPINY DOGFISH
HARE   WATER BUFFALO

ANIMALS

```
J  M  D  R  I  B  A  L  L  E  R  B  M  U  S
N  B  Y  G  P  Y  B  X  T  L  Z  Q  P  I  T
G  O  D  N  O  O  C  C  A  R  G  B  R  O  I
V  R  U  E  I  H  A  V  A  N  E  S  E  E  C
E  D  Y  E  L  P  U  M  A  R  T  E  T  D  K
D  E  S  D  P  I  A  P  S  H  G  U  K  C  I
B  R  D  N  N  E  H  K  F  O  M  A  Z  B  N
V  C  O  M  M  O  N  T  O  A  D  C  Y  A  S
N  O  I  L  K  O  H  G  X  U  O  G  V  U  E
P  L  J  L  Z  M  U  G  U  V  A  A  B  I  C
U  L  A  U  U  Y  C  N  W  I  T  N  P  Q  T
W  I  S  P  I  D  E  R  M  O  N  K  E  Y  P
P  E  I  Z  O  P  C  K  B  M  U  E  X  E  M
G  Y  H  U  W  Z  J  T  F  L  G  H  C  B  L
U  I  S  M  G  D  I  J  U  L  M  D  N  S  O
```

BORDER COLLIE	PENGUIN	TETRA
COMMON TOAD	PUMA	UMBRELLABIRD
HAVANESE	RACCOON DOG	
LION	SPIDER MONKEY	
OKAPI	STICK INSECT	

ANIMALS

P A M C Q K J F P L G P X S W
S H P B L V M I K G E K T M J
E E Z Z C V E L F F S W K I H
H G L A N T E L O P E U T F U
L B R F J E H F D W Y E S V G
B A N D I C O O T O C D S Y T
L F T O Y E S A M M O M L W G
W P U F B A B O O N A P Q G X
L U S K B O M B A Y C C X N K
T N Y E B A R R A C U D A T F
T H B N A S I V B L X N R W M
S P E K I N G E S E B S N E F
N E E H U T G J N I K P Z P O
X F F C B V W C M B F Y V E G
K H L T M J N N P M S O M D D

ANTELOPE   BOMBAY   POODLE
BABOON   MACAW
BANDICOOT   OLM
BARRACUDA   PEKINGESE

ANIMALS

P V B G P C Z H T S X D H E K
M S R A T T L E S N A K E J W
V A I C S J I E N K D H X W R
N S R A T E V Y S I C J F U O
S N Y E M Q N E D A H U M K Q
S R F N T E S J L E E P D B Z
E I X T O T S O I G S W L D W
B L T A K R E E M D A P O O R
R J R T M Z Z S V A O E N C D
R K T L S S R A H I L G X T Q
C Y N J D X N J K S F I V O O
E Z H O K R U N A C I L E P Z
Y D X K V Q A R A H G R U U I
D Y D J Y C I Z F F M V I S V
D S N N O G A R D R E T A W K

BASENJI DOG	MEERKAT	SOMALI
DOLPHIN	OCTOPUS	WATER DRAGON
DUCK	PELICAN	WEASEL
EAGLE	RATTLESNAKE	
IRISH SETTER	SIAMESE	

ANIMALS

```
Y  Y  W  R  W  Y  R  A  F  F  E  H  Q  J  V
T  E  Y  Z  W  F  R  C  K  N  Y  I  W  Z  O
S  C  Q  Q  K  T  G  I  V  Z  K  U  V  O  Y
R  Y  Q  S  I  S  S  L  O  W  W  O  R  M  L
G  Q  S  G  D  K  G  L  F  W  F  I  T  J  O
V  L  K  B  D  H  S  E  Y  Y  K  L  J  Q  J
A  N  Y  C  L  V  C  C  J  A  L  R  L  B  I
E  M  L  W  M  I  T  H  N  Q  G  L  I  Y  D
Q  M  M  Z  P  P  T  I  D  Z  H  W  O  C  V
X  V  W  Z  S  I  I  H  B  A  V  N  N  M  Y
G  B  A  V  K  W  G  U  P  P  Y  U  F  U  C
R  F  A  H  L  F  Z  A  L  A  P  M  I  Y  K
L  T  E  V  P  T  S  H  D  Q  Q  B  S  F  V
D  E  I  J  G  A  N  U  A  E  J  A  H  T  G
H  C  T  Z  Z  F  X  A  L  P  H  T  S  M  L
```

ANT	CHIHUAHUA	GUPPY
IMPALA	LIONFISH	MOLLY
NUMBAT	SLOW WORM	

ANIMALS

```
Q G U M Z W M K M F K V X W X
U T W H Y D R O C A K Z F R U
S R T G Z B J E N A X K K A K
U H Z K W N R R V G I Y K S G
G P A B F X A E I E R M O S X
W T N E G G X G D G R E A E N
J I P O K O Y O G N I D L N Z
N G X B D Y O H F E U B A B Y
I P O X X Z K B P C Y O B D K
C N R I E R J O D T I X L O O
X C B F U L D E T A O T S F N
Z X T Y T C B F C Q C O C J F
Z M J Y C O I F C B T Z P R M
O A A C C X T L Y R L M G V A
T S M P F L R O U V Y F U J X
```

ARCTIC FOX   FLOUNDER   STOAT

CAIMAN   GIBBON   WRASSE

DINGO   KOALA

DREVER   MONGREL

ANIMALS

```
I  G  R  E  Y  H  O  U  N  D  R  Z  P  U  R
Q  Q  T  H  L  P  N  Q  V  O  F  I  K  F  G
M  N  M  J  V  E  S  S  B  W  Z  X  D  G  Z
T  J  Z  B  N  P  C  A  J  J  M  Y  M  C  U
A  S  S  W  X  M  J  T  N  A  G  T  V  F  P
W  T  E  Z  N  S  I  A  R  B  M  H  C  M  Y
G  G  V  E  E  Z  N  M  N  I  J  U  H  W  E
H  X  V  N  B  V  Z  A  U  E  C  U  M  F  F
D  O  W  X  R  E  Z  H  R  H  Y  E  E  M  S
U  J  T  F  D  P  D  K  G  O  P  H  E  R  S
G  O  W  X  H  O  B  L  U  E  W  H  A  L  E
O  K  N  Z  O  J  J  O  I  D  S  C  R  N  O
N  U  R  P  P  U  M  O  N  W  U  O  G  C  D
G  K  K  L  R  O  Y  K  H  G  V  K  O  N  K
W  H  S  I  F  N  O  I  P  R  O  C  S  G  J
```

BLUE WHALE	GOOSE	KUDU
BONGO	GOPHER	SCORPION FISH
DUGONG	GREYHOUND	WILDEBEEST
ELECTRIC EEL	HYENA	

ANIMALS

H	J	H	I	J	R	Z	Y	C	H	O	N	W	T	Y
J	S	N	E	A	N	D	E	R	T	H	A	L	T	F
U	A	B	U	H	J	W	Z	Q	W	A	B	E	J	D
P	I	U	D	I	D	M	Z	J	W	G	J	I	J	W
J	N	L	H	L	G	N	A	T	U	G	N	A	R	O
A	T	L	K	P	T	J	C	X	R	E	J	J	G	K
V	B	M	D	A	I	L	G	H	M	X	L	K	E	Y
O	E	A	C	P	V	H	S	W	A	G	N	W	K	W
C	R	S	G	O	R	F	N	O	M	M	O	C	H	B
E	N	T	N	T	W	O	I	S	J	O	O	R	A	S
T	A	I	B	J	O	R	T	Q	A	M	C	I	F	C
R	R	F	V	S	C	O	R	P	I	O	N	U	S	T
G	D	F	E	B	L	S	L	Q	A	D	L	L	D	H
B	P	N	N	E	W	F	O	U	N	D	L	A	N	D
T	G	N	I	M	M	E	L	W	V	P	Z	L	F	N

AVOCET
BULL MASTIFF
CHAMOIS
COMMON FROG
COW

FROG
LEMMING
NEANDERTHAL
NEWFOUNDLAND
ORANGUTAN

SAINT BERNARD
SAOLA
SCORPION

ANIMALS

```
R K A L F J U N X P E N C J E
L R O Y C A J Y X H L Y O U O
M K C E T A Y P K E U Z T X S
S E A S L U G U L A I H B E E
E L P L A T Y P U S C M Z M S
A Q A Q Q R R X D A R E P T U
S G W D X U E U I N L O F K P
Q O W T Y U H L T T B M S S U
U O G G P B M I I R A J S P A
I A P N N X I D U E E C D U Y
R X W E I M J R F L W V O L B
T D A H G M T A D G A T I O G
L W H W Z B A L E M U R T R Y
X I I F L P M L B E X P O O P
O L S W B M L B F J X F H C R
```

CAT	LEMUR	ROTTWEILER
CORAL	PHEASANT	SEA SLUG
FLAMINGO	PLATYPUS	SEA SQUIRT
LADYBIRD	RIVER TURTLE	

ANIMALS

```
D L R Z P P M U K P M P W V L
U M B B X H O U R A O D B D L
M T C C O H M T S L N X W L A
A V S R G W N C U S G C P L B
N R O O G R A S S H O P P E R
T K M C Z O M Z V F O P P I A
U Y A O T C R A N E S D Q N D
U V F D I A U F J I E V P X O
U H S I F N W O L C P H C A O
P Y G L Y T T R W L M X Z B D
T F Y E K N O D M S U Z X W L
C B A L S U J P A T V B Q R E
U L Q B D L F G I S G M Y E M
E Y J X Z M I L H X I C M B U
O R Q A T Y C D K W M T O Q Z
```

BULLFROG   DONKEY   POSSUM

CLOWN FISH   GRASSHOPPER

CRANE   LABRADOODLE

CROCODILE   MONGOOSE

ANIMALS

```
J U S P E S L I C G H L I R S
Y Y R U S M K X O T Z Y A E S
Y L T K P V H Y T Y H G D K V
P P Y Y E M H S V R E E L Y H
W S W Z R Z G B L J R X Y X M
B V S U M A T O P O P P I H J
A K E L W O U Y D I I I F H V
Y U N Z H O H L Q U M E B A W
Y Q G V A Y O B J D N E C Y R
J L Z M L M Y A R G N I T S W
J G F K E K R A H S E L A H W
U G E O M J U X A C D K I A C
B T H Y H E O I F S Q J B A H
T W N C P J O X F P Q V X J G
D P A Z K I G W O Y N O U X B
```

AINU DOG EMU FLY
HIPPOPOTAMUS SPERM WHALE STINGRAY
WHALE SHARK

Puzzle #32

ANIMALS

R V I I J V B H X R E E V R N
B I C H O N F R I S E K V T Z
O C A R O L I N A D O G W S R
S F B A F T L C W N I U K J M
F L H U X A Y I T E L Y I C N
W Y K C L O R V D I V F N O Z
H S I F Y L L E J A G Z G C D
W P A V T A S R U N M E C K S
N N S M K N T H K T K R R R V
E W D N U O H N A H G F A O S
C J W B I Q Z L Q R B N B A C
E V M K E S U O F Y K S E C E
Y Z E L A H C T P P E S M H I
G A J R G U I N E A P I G V L
X N E S U O L D O O W G G J E

AFGHAN HOUND   CESKY FOUSEK   TIGER
ARMADILLO   COCKROACH   WOODLOUSE
BICHON FRISE   GUINEA PIG
BULL SHARK   JELLYFISH
CAROLINA DOG   KING CRAB

ANIMALS

```
B G C Q I D R E U D B S Y D V
D C O J G H G X S W S V B H U
G W B D H Q M P V Q B M X V Q
U N D M E B T V F N U R A N K
D B A R K S K K H S F I U Z D
J B I I A A E F P N F A D N P
K G A N N Z O N S E A B F E C
Y S G V X I I Z G R L U F C T
O K G I D T S L W O O T H H M
F K J O U L K S K N L X E E O
X Z Q I Z K V J Y F K O C E S
A Z N D A F B Q T B R N B T B
G Y T Y R A W O S S A C F A R
T X D I F P V W A L V M N H W
J A S P J A D E J K L H N M H
```

ABYSSINIAN	BEETLE	BOLOGNESE DOG
BUFFALO	CASSOWARY	CHEETAH
LIZARD	SQUID	

ANIMALS

```
S  G  T  W  Z  O  R  E  Q  W  B  N  P  K  Z
J  B  U  H  H  G  U  C  E  N  T  N  M  N  V
S  U  R  H  K  N  L  L  A  G  U  P  A  U  E
P  T  K  W  G  V  F  J  E  V  N  J  P  R  K
M  I  E  L  A  H  W  R  E  L  L  I  K  E  F
V  D  Y  V  U  V  L  D  Z  H  E  A  U  V  Z
J  O  R  E  I  R  R  E  T  L  L  U  B  H  C
M  Q  L  N  U  C  O  A  G  I  U  P  X  D  M
Q  A  H  B  I  V  N  P  K  V  I  D  Q  U  X
T  Z  Y  K  H  F  C  A  Z  K  Z  W  L  Q  A
K  D  T  E  H  D  F  T  C  Y  O  D  U  F  T
O  T  E  X  A  S  O  U  P  I  G  U  V  K  B
G  X  X  K  U  Y  M  D  P  S  R  N  Q  C  R
Q  T  A  R  S  I  E  R  O  O  T  F  A  W  K
Y  T  R  F  W  E  R  Q  S  Q  K  N  A  T  K
```

AFRICAN CIVET	KILLER WHALE	TANG
AYE AYE	PIG	TARSIER
BULL TERRIER	PUFFIN	TURKEY
DODO	QUOKKA	

ANIMALS

```
S O R J Z A C E E M U H F H I
Z V D E G I Z F B R A B X A S
K H A D I G G E O G T A Q S L
E I G R Z R Y O O I O Z L T F
O I N O C U R D R I Q Q U R X
K U L G H T R E L F V T N H I
H A E L P E I Y T D H C X Z L
N A J M O E G C C N F S N B B
F T R D R C N D W G R B R A T
P N U R T E L G E O K I H A L
X Y E W I Y G F U H L T A Z M
B R E T A E T N A I I F N C V
Z S X Q G E R P O N N D O W M
S U Q K P F M N E P K W K J S
N P H X G J T B R U S E A R N
```

ANTEATER HARRIER SPONGE

ARCTIC WOLF HEDGEHOG

CAIRN TERRIER KING PENGUIN

COLLIE MARSH FROG

ANIMALS

```
J  Y  E  K  N  O  M  T  E  V  R  E  V  E  A
D  B  B  O  B  V  G  J  D  U  M  H  L  N  P
D  R  U  E  E  S  R  O  H  S  P  K  U  J  S
Y  U  S  M  F  Q  O  B  H  K  V  G  M  J  T
Z  Y  R  X  B  O  U  B  B  U  L  L  D  O  G
T  G  D  D  S  L  S  U  A  H  P  A  F  M  P
S  F  D  Y  T  Y  E  H  S  O  Q  X  B  A  L
B  J  B  D  F  K  I  B  S  R  U  T  X  S  K
T  X  O  C  P  L  V  W  E  N  C  T  W  T  G
W  I  V  L  Y  Y  J  G  T  E  A  R  W  I  G
C  I  V  H  L  U  H  H  H  D  R  E  U  F  O
C  M  W  Y  P  M  X  P  O  F  P  S  K  F  Y
C  E  A  D  I  U  Z  R  U  R  J  L  G  T  W
S  G  V  C  I  D  J  Y  N  O  B  P  Y  V  R
Z  T  P  L  Z  U  K  P  D  G  J  F  N  M  T
```

BASSET HOUND	GROUSE	VERVET MONKEY
BULLDOG	HORNED FROG	
BUMBLE BEE	HORSE	
EARWIG	MASTIFF	

ANIMALS

```
X  V  B  Z  W  H  J  H  S  F  S  Y  U  A  Y
L  R  M  T  X  E  Q  W  T  H  Q  E  W  F  K
M  A  H  S  O  G  S  E  F  B  G  F  M  A  I
Q  X  Y  S  F  D  B  T  S  L  B  C  T  X  D
U  V  X  N  I  S  M  C  A  E  X  B  F  B  L
W  H  E  R  L  F  M  H  M  R  N  J  H  R  X
J  N  X  X  Q  K  L  M  U  X  F  A  D  S  Y
A  Q  E  A  D  N  G  E  Q  P  A  I  V  V  V
G  Y  J  K  R  A  H  S  G  N  I  K  S  A  B
U  O  E  Q  C  C  E  Q  O  N  W  B  O  H  J
A  W  D  V  N  I  P  O  S  P  A  P  K  R  Z
R  U  H  K  L  W  H  W  G  A  V  R  T  G  K
G  S  C  T  O  L  E  C  O  R  R  G  T  F  U
M  N  F  C  E  B  E  V  I  I  T  W  L  A  J
M  L  Q  N  R  A  L  D  W  T  Q  B  H  M  H
```

ANGELFISH	BASKING SHARK	CHICKEN
DOG	JAGUAR	JAVANESE
OCELOT	STARFISH	

ANIMALS

B A L I N E S E Z H Z P U E G
O A G P V C N M N R I M C U O
T G R R C N K L J Z G C Z E F
S A G N I G T M T I V M V D F
Y U B V O Z U J L W F U K G Y
V T K E Q W Z I W O E I G D Q
E L U N R L L N S U C S I D
G N X X Q I P S Y E A S R U J
C M W O L R P L O B A A V T K
P Y W A U E O M K N E F M W W
N H P I R A N H A D U A O F M
B S K P E P G A K V J I R W W
E I D U P J A C K R U S S E L
D A Z E M R N N L Q A I H P K
N E S Q T Q V V G Z Y M L Z B

BALINESE   GUINEA FOWL   PRAWN
BARN OWL   JACK RUSSEL   VAMPIRE BAT
DISCUS   MARKHOR
GRIZZLY BEAR   PIRANHA

ANIMALS

```
H U M M I N G B I R D M O S B
T O A N D I H C E I V A Z B I
Y L F Z B R T W W O U Y Y Q K
N N P U P I E A W E L R P Q Z
Z J I Z M D N G O G T H F F X
K G K R A Z Y T I C U L W P N
E B E L A R H P U T R J Q U L
B B G A R M L F Z R E R V L Z
B Q N I E M A I F J O T N V I
B A P A R R O T O O J N I C F
T M G B L A W T D A H A G H S
U B I Q L O F S H E O P K L W
N P I H H E U F V W I E R S H
B R M S S T J L E A Z P F N J
Q G V C A S Z Y Z G G F D L P
```

BINTURONG	HUMMINGBIRD	PIKE
COATI	MOTH	VULTURE
ECHIDNA	PARROT	WHITE TIGER
GIRAFFE	PIED TAMARIN	

Puzzle #40

ANIMALS

```
S O M N W N X C N I D N H T S
B G B X I M J J Q F T Y W X L
E J Q S E G A N S H I H T Z U
H U I V D O H R S O G T L G V
Q D G N I R C T I F F L V A W
G U X S B I A A I N O A R P G
X O L C L L N G N N E K A N S
H D H L E L E J O A G T E X I
L P L T F A N M C N A A O W T
I Z E B R A J D A C F N L A T
J E T C O A S B T C F L D E D
U Z F L G B W T H K A W Y O G
W U S I L V E R D O L L A R G
U V F S E S R J G W B Q I W I
C J N U F B H O Q B Y X O V G
```

CAMEL	MARINE TOAD	WARTHOG
CANAAN DOG	NIGHTINGALE	ZEBRA
DRAGONFLY	SHIH TZU	
EDIBLE FROG	SILVER DOLLAR	
GORILLA	SNAKE	

ANIMALS
Puzzle # 1

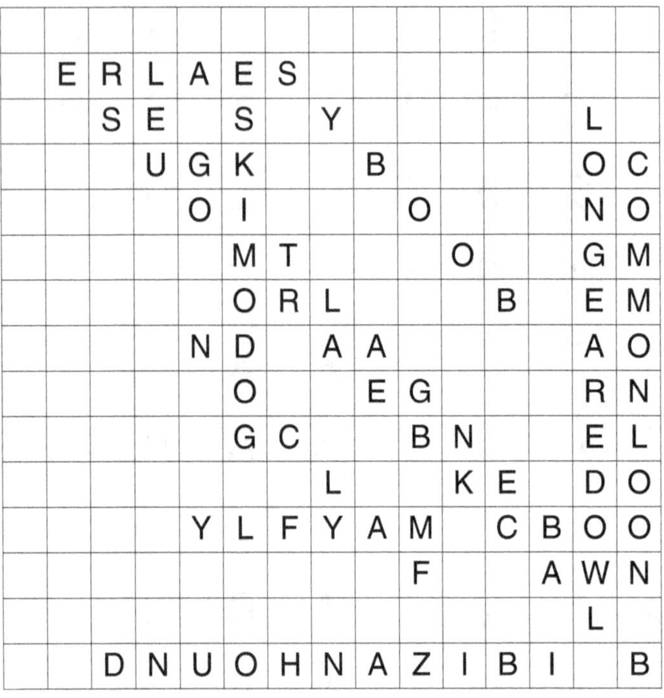

ANIMALS
Puzzle # 2

ANIMALS
Puzzle # 3

ANIMALS
Puzzle # 4

ANIMALS
Puzzle # 5

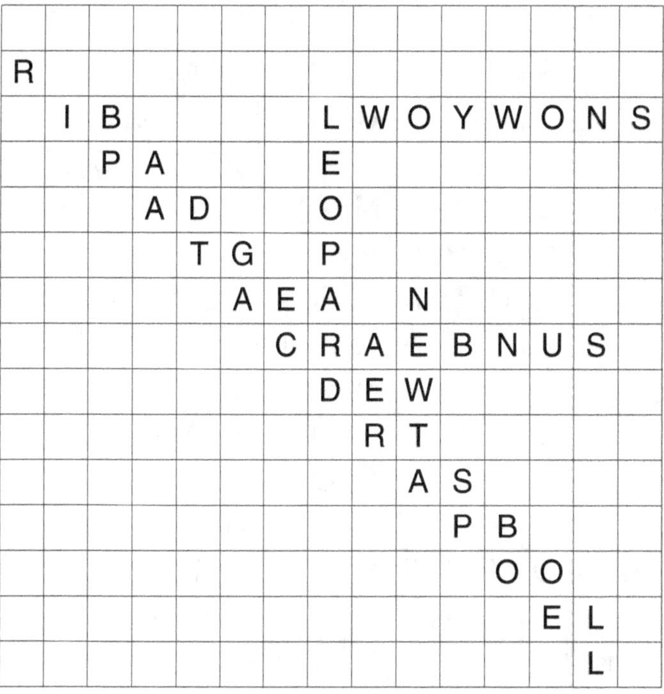

ANIMALS
Puzzle # 6

ANIMALS
Puzzle # 7

ANIMALS
Puzzle # 8

ANIMALS
Puzzle # 9

```
L E O P A R D S E A L W
  L         S L O T H O
    A         U       O
  K   H         C     D
C   N   W         S   P
H     U   N         U E M
A       K   I         C I
M           S   F     K L
E               M     E L
G L A S S L I Z A R D R I
G E R B I L       G     P
O                 P     E
N                   I   D
                        E
    Y E K N O M Y L L O O W
```

ANIMALS
Puzzle # 10

```
  R         S     L
    A         H     A
      L         R       K
      B   L     I         C
      G A   I   M             A
      C I   R   P               J
        H L N     R
          I A A     E
          N M C     T
D N U O H D O O L B A
              O N E   C
              K S
H T O M S S U P     T
                      E
                        R
```

ANIMALS
Puzzle # 11

```
          M
  H O W L E R M O N K E Y
    M U S S O P O
            W
            W
B U D G E R I G A R   O
  W       N O S I B   K L
  H                 A   G
L I V E D Y N R O H T K
  P       T U A T A R A
  P   F I N N I S H S P I T Z
  E D A R W I N S F R O G
  T
    W A T E R V O L E
```

ANIMALS
Puzzle # 12

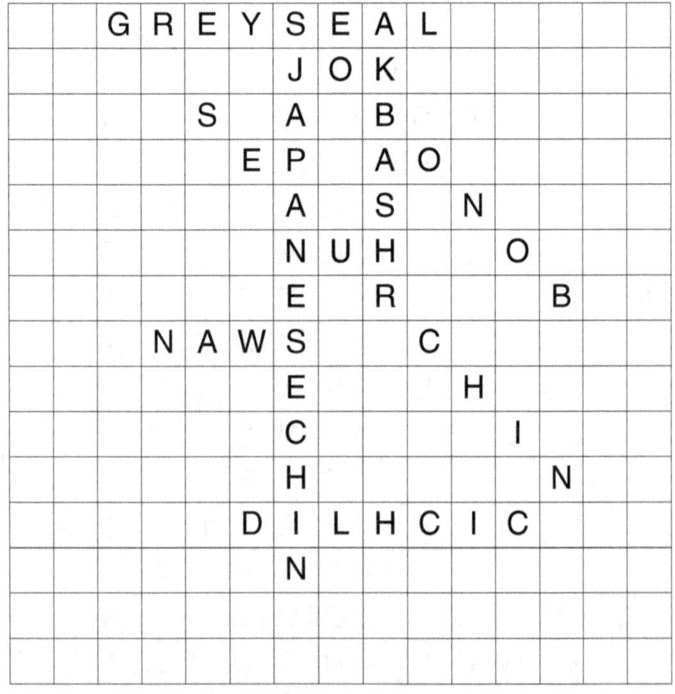

```
    G R E Y S E A L
            J O K
        S   A   B
        E P A   O
          A   S   N
          N U H     O
          E   R       B
  N A W S     C
          E       H
          C         I
          H           N
        D I L H C I C
          N
```

ANIMALS
Puzzle # 13

ANIMALS
Puzzle # 14

ANIMALS
Puzzle # 15

ANIMALS
Puzzle # 16

ANIMALS
Puzzle # 17

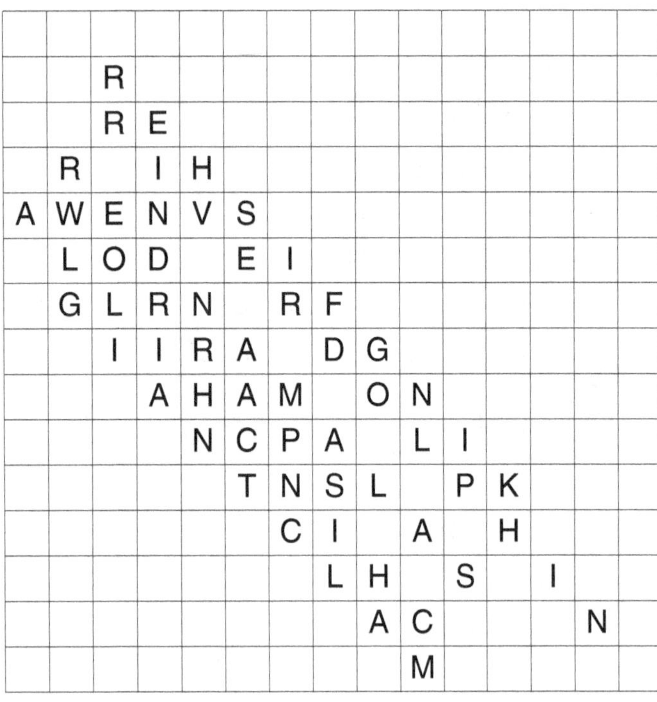

ANIMALS
Puzzle # 18

ANIMALS
Puzzle # 19

ANIMALS
Puzzle # 20

ANIMALS
Puzzle # 21

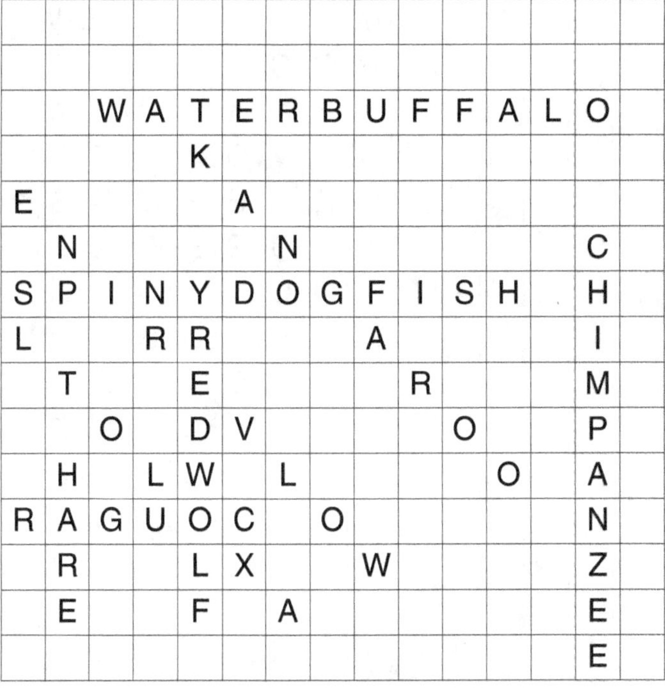

ANIMALS
Puzzle # 22

ANIMALS
Puzzle # 23

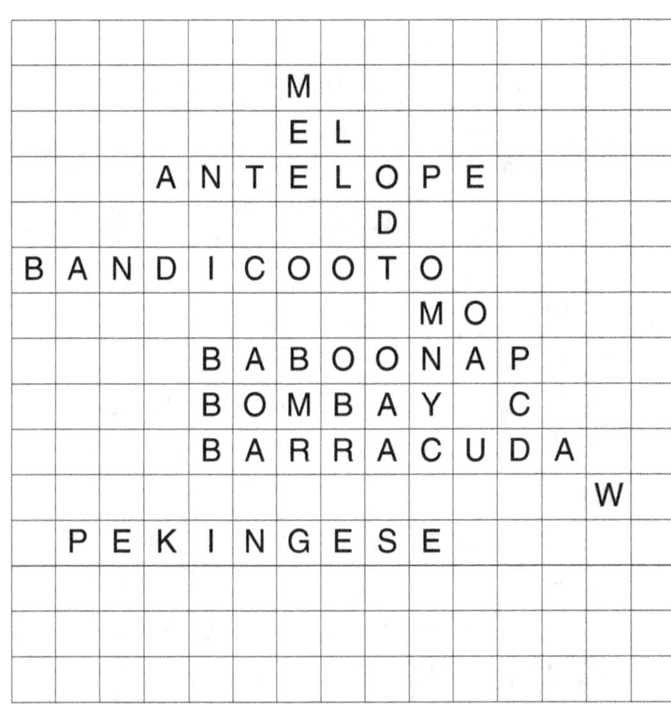

ANIMALS
Puzzle # 24

ANIMALS
Puzzle # 25

ANIMALS
Puzzle # 26

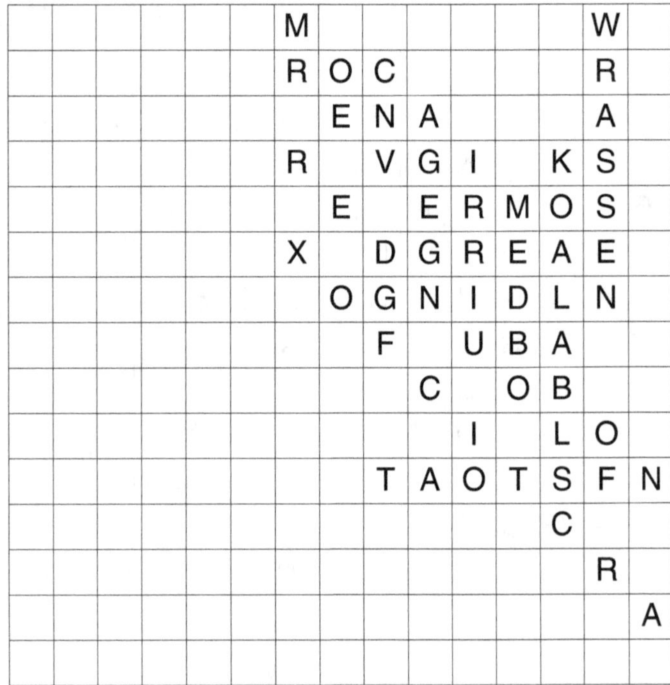

ANIMALS
Puzzle # 27

ANIMALS
Puzzle # 28

ANIMALS
Puzzle # 29

ANIMALS
Puzzle # 30

ANIMALS
Puzzle # 31

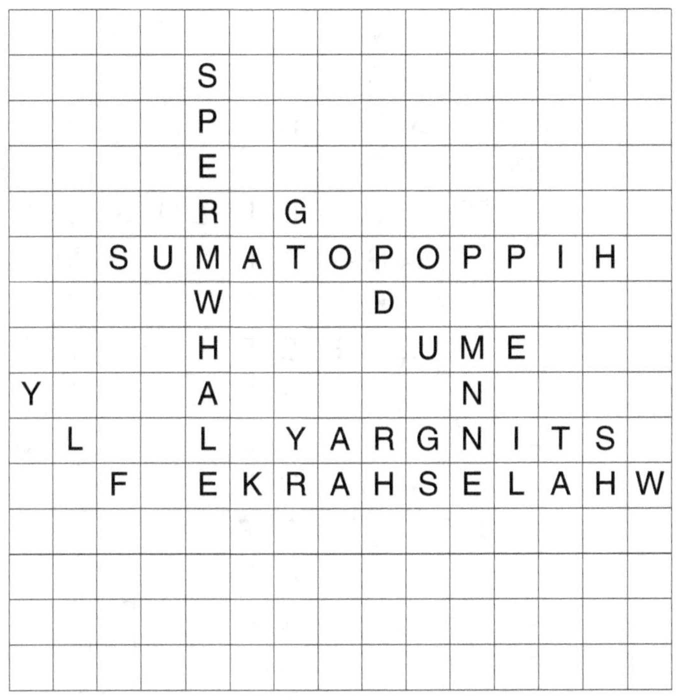

ANIMALS
Puzzle # 32

ANIMALS
Puzzle # 33

ANIMALS
Puzzle # 34

ANIMALS
Puzzle # 35

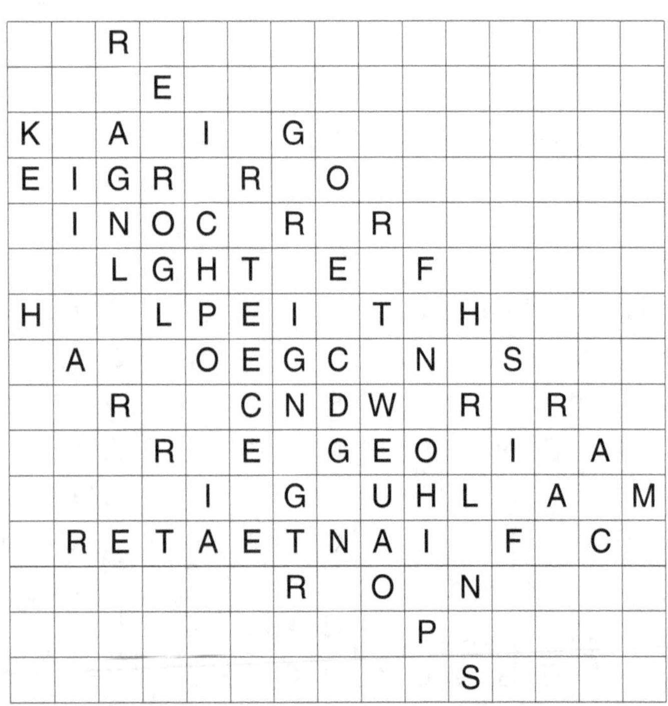

ANIMALS
Puzzle # 36

ANIMALS
Puzzle # 37

ANIMALS
Puzzle # 38

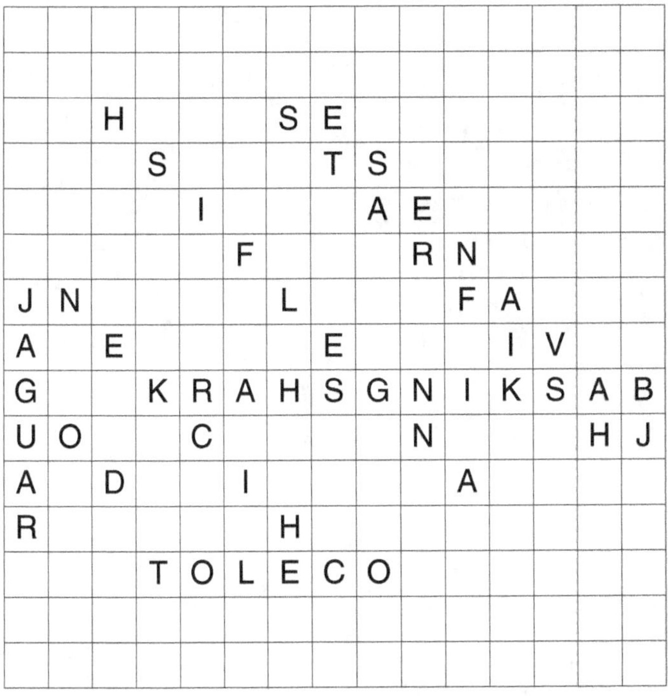

ANIMALS
Puzzle # 39

ANIMALS
Puzzle # 40

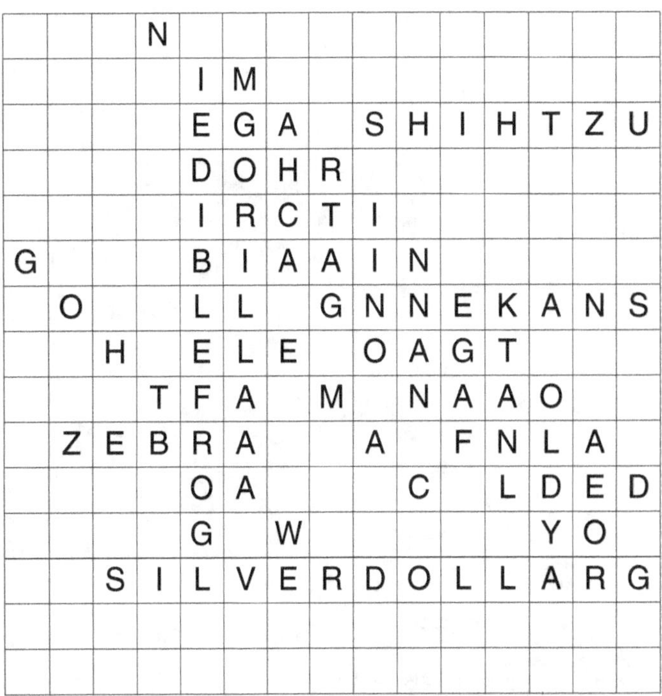